D1389385

Llyfrgelloedd Sir Ddinbych -
Denbighshire Librarie

0560

SYS

JW364.164   £4.99

RL

Môr-Ladron

Catriona Clarke

Dyluniwyd gan Laura Parker

Darluniau gan Terry McKenna

Addasiad Cymraeg: Elin Meek

Ymgynghorydd môr-ladron: Dr. David Cordingly
Ymgynghorydd darllen: Alison Kelly, Prifysgol Roehampton

C46 0000 1150 560
WEDI TYNNU
WITHDRAWN FROM STOCK
Denbighshire County Council

Cynnwys

3 Pwy oedd y môr-ladron?

4 Yr Oes Aur

6 Cod y môr-ladron

8 Llong fôr-ladron

10 Ymunwch â'r criw

12 Bywyd ar y môr

14 Beth i'w wisgo

16 Ymosod!

18 Ysbail

20 Tir ahoi!

22 Môr-ladron enwog

24 Gwisgo fel dynion

26 Diwedd cyfnod

28 O dan y tonnau

30 Geirfa môr-ladron

31 Gwefannau diddorol

32 Mynegai

Pwy oedd y môr-ladron?

Roedd môr-ladron yn crwydro'r moroedd ac yn dwyn o longau eraill.

Yn y llun mae capten môr-ladron. Mae'r criw yn claddu trysor.

Yr Oes Aur

Dri chan mlynedd yn ôl, roedd miloedd
o fôr-ladron yn hwylio'r moroedd. Dyma
Oes Aur y Môr-ladron.

Roedd môr-ladron
yn hoffi ardal brysur
Môr y Caribî.

Roedd dynion yn mynd yn fôr-ladron am sawl rheswm.

Roedd rhai'n meddwl y byddai bywyd môr-leidr yn llawn antur.

Roedd llawer o ddynion yn gobeithio dwyn trysor.

Roedd rhai'n disgwyl bywyd hawdd gyda llawer i'w fwyta a'i yfed.

5

Cod y môr-ladron

Roedd rhaid i bob môr-leidr gytuno i set o reolau ar ddechrau pob mordaith.

Roedd rhaid cadw'r arfau'n lân, yn barod i ymosod.

Roedd rhaid ymladd yn ddewr mewn brwydr.

Doedd neb i ymladd â'i gilydd ar fwrdd y llong.

Ar rai llongau, roedd rhaid mynd i'r gwely erbyn wyth y nos.

Roedd môr-ladron yn torri dadl
drwy gael gornest ar y tir.

Roedd cosb i'r môr-ladron
oedd yn torri'r cod.

Un gosb gas oedd
gadael môr-leidr ar
ynys anial ac unig.

Fyddai dim bwyd gan y môr-leidr.
Os na fyddai'n gallu dod o hyd i fwyd,
byddai'n marw.

7

Llong fôr-ladron

Roedd rhai llongau môr-ladron yn enfawr gyda thri hwylbren. Ond llongau bach, sydyn o'r enw slŵps oedd y rhan fwyaf.

Dyma lun o slŵp. Roedd lle i 70 o fôr-ladron ar long fel hon.

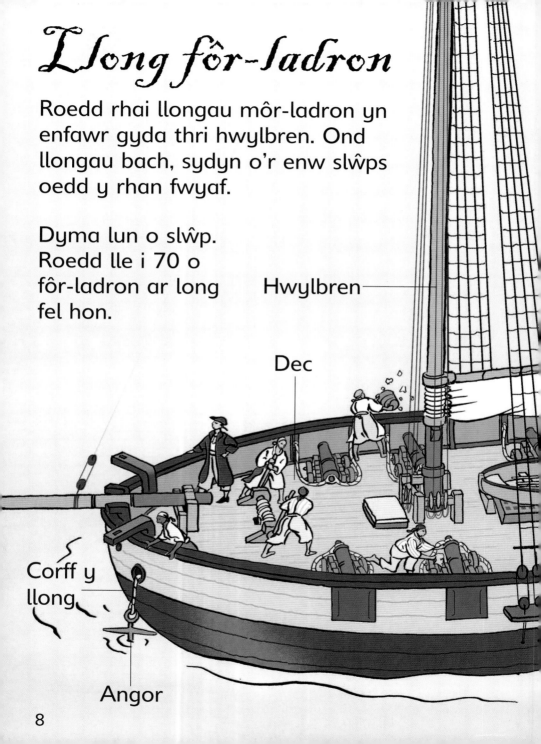

Hwylbren

Dec

Corff y llong

Angor

Weithiau roedd grŵp o longau gan gapteiniaid môr-ladron – nid un yn unig.

Magnel   Hwyl   Llyw i lywio'r slŵp

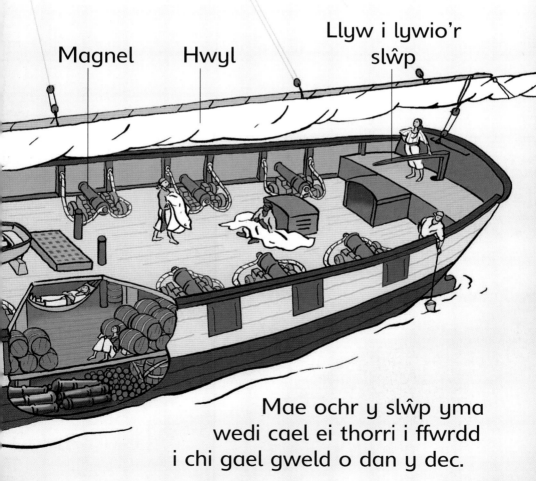

Mae ochr y slŵp yma wedi cael ei thorri i ffwrdd i chi gael gweld o dan y dec.

Ymunwch â'r criw

Y capten oedd arweinydd y llong. Y criw oedd yn ei ddewis.

Dyma Billy Bones, capten mewn stori enwog o'r enw 'Treasure Island'.

Weithiau roedd rhaid i'r capten rannu ei gaban.

Roedd y swyddog
cyflenwi'n cosbi
unrhyw fôr-leidr
oedd yn torri cod
y môr-ladron.

Roedd y llywiwr yn
defnyddio llyw hir
pren i lywio'r llong.

Yn aml, hen fôr-leidr
oedd y cogydd. Ond
roedd yn methu
ymladd ar ôl cael anaf.

Bywyd ar y môr

Doedd bywyd môr-leidr ddim mor brysur â bywyd llongwr cyffredin. Mwynhau eu hunain fyddai'r môr-ladron fel arfer.

Bydden nhw'n treulio llawer o amser yn bwyta ac yn yfed.

Bydden nhw'n dawnsio a chanu caneuon o'r enw siantis.

Weithiau byddai môr-ladron yn bwyta eu bisgedi yn y tywyllwch er mwyn peidio gweld y pryfed ynddyn nhw.

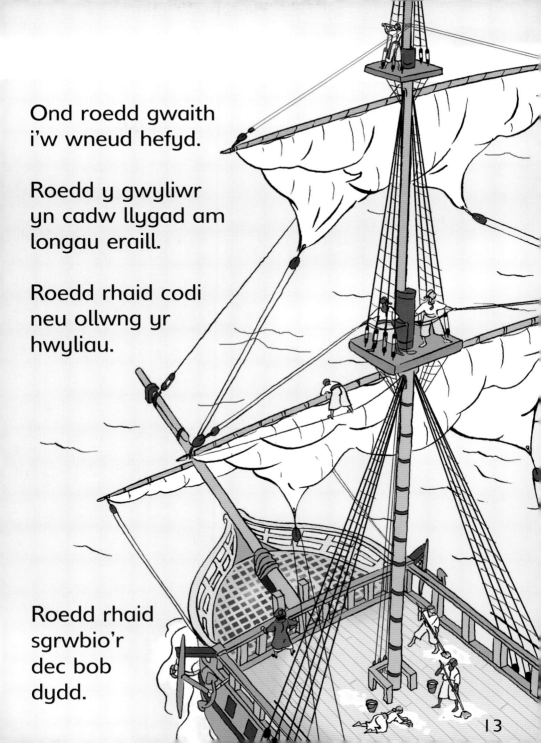

Ond roedd gwaith
i'w wneud hefyd.

Roedd y gwyliwr
yn cadw llygad am
longau eraill.

Roedd rhaid codi
neu ollwng yr
hwyliau.

Roedd rhaid
sgrwbio'r
dec bob
dydd.

13

Beth i'w wisgo

Fel arfer roedd môr-ladron yn gwisgo dillad plaen, garw. Ond roedd rhai'n gwisgo dillad smart oedd wedi cael eu dwyn. Roedd y capten yn aml yn gwisgo fel gŵr bonheddig.

Dyma lun o'r môr-leidr enwog, Capten Kidd.

Roedd môr-ladron yn gwisgo het a sgarff rhag yr haul poeth.

Roedd rhai'n hongian pistol ar ruban ffansi am eu gwddf.

Roedd gan rai gytlas byr i ymladd lle doedd dim llawer o le.

Roedden nhw'n hoffi gwisgo'u dillad gorau ar y tir.

Ymosod!

Gwobr oedd yr enw ar long roedd y môr-ladron yn ei chipio.

1. Wrth weld llong arall, roedd y môr-ladron yn codi'r Faner Ddu.

2. Bydden nhw'n dilyn y llong, gan danio gynnau, tan eu bod nhw'n ei chyrraedd hi.

3. Byddai'r môr-ladron yn byrddio'r llong ac yn chwilio am drysor.

4. Byddai'r swyddog cyflenwi'n holi a oedd y criw eisiau dod yn fôr-ladron hefyd.

Weithiau doedd criw'r llong ddim yn ildio'n hawdd. Mae'r hen ddarlun hwn yn dangos brwydr ffyrnig.

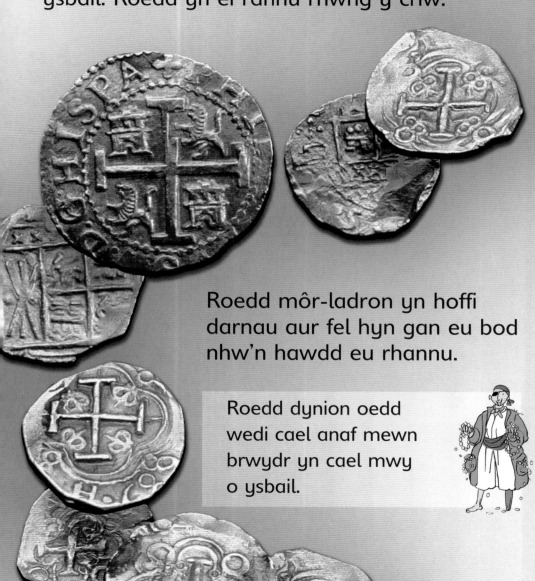

Ysbail

Y swyddog cyflenwi oedd yn gofalu am yr ysbail. Roedd yn ei rannu rhwng y criw.

Roedd môr-ladron yn hoffi darnau aur fel hyn gan eu bod nhw'n hawdd eu rhannu.

Roedd dynion oedd wedi cael anaf mewn brwydr yn cael mwy o ysbail.

Aur, arian a gemau oedd yr ysbail fwyaf gwerthfawr.

Hefyd, roedd môr-ladron yn dwyn pethau defnyddiol fel offer, hwyliau, dillad a bwyd.

Yn aml roedden nhw'n cadw'r wobr ac yn rhoi'r criw ar gwch bach.

Tir ahoi!

Doedd môr-ladron ddim yn treulio'r amser
i gyd ar y môr. Roedd rhaid mynd i'r lan i
lanhau'r llong yn gyson.

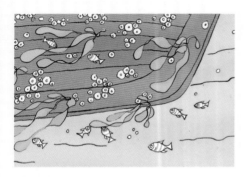

1. Byddai gwymon a
gwyddau môr yn tyfu
ar gorff y llong.

2. Felly, byddai'r
llong yn mynd yn rhy
araf yn y dŵr.

3. Byddai'n rhaid i'r môr-
ladron ddod â'r llong i'r
tir a'i throi ar ei hochr.

4. Bydden nhw'n
crafu'r corff yn lân a
rhoi tar drosto.

Byddai'r môr-ladron eraill yn ymlacio ac yn mwynhau wrth i'r llong gael ei glanhau.

Yn aml, byddai'r Llynges yn dal y môr-ladron wrth iddyn nhw lanhau eu llongau.

Môr-ladron enwog

Roedd rhai capteiniaid môr-ladron yn enwog.

Bartholomew Roberts (Barti Ddu) oedd y môr-leidr mwyaf llwyddiannus. Cipiodd dros 400 gwobr cyn i'r Llynges ei ddal.

Edward Low oedd un o gapteiniaid mwyaf creulon yr Oes Aur. Roedd yn poenydio capteiniaid y llongau roedd yn eu dal.

Blackbeard oedd y môr-leidr enwocaf.
Edward Teach oedd ei enw go iawn.

Dyma hen
ddarlun sy'n
dangos brwydr
olaf Blackbeard.

Roedd Blackbeard yn tanio
matsys ac yn eu rhoi o dan
ei het i ddychryn pawb.

Gwisgo fel dynion

Doedd menywod ddim yn cael bod ar long môr-ladron, ond roedd rhai merched oedd yn fôr-ladron.

Dyma hen brint o Mary Read ac Anne Bonny.

Roedden nhw'n enwog iawn fel môr-ladron.

Bydden nhw'n gwisgo
fel dynion i guddio
pwy oedden nhw.

Ymunodd Mary ac
Anne â chriw capten
o'r enw Calico Jack.

Buon nhw'n ymladd
yn ffyrnig fel dynion
mewn sawl brwydr.

Cafodd y ddwy eu cipio
ym 1720 gyda gweddill
y criw.

Bu farw Mary yng ngharchar. Does neb
yn gwybod beth ddigwyddodd i Anne.

Diwedd cyfnod

Penderfynodd Llynges Prydain wneud rhywbeth am yr holl fôr-ladron ar y môr.

Aeth llongau rhyfel mawr i chwilio am y môr-ladron a'u dal.

Cafodd y môr-ladron eu hanfon i lys barn. Roedd pobl yn dod i'r llys i wylio.

Os oedd y llys yn cael y môr-ladron yn euog, bydden nhw'n cael eu crogi.

Roedd môr-ladron marw
yn cael eu rhoi mewn
caets arbennig, i roi
rhybudd i bawb rhag
bod yn fôr-leidr.

Roedd y caets yn
ffitio'r môr-leidr
yn berffaith.

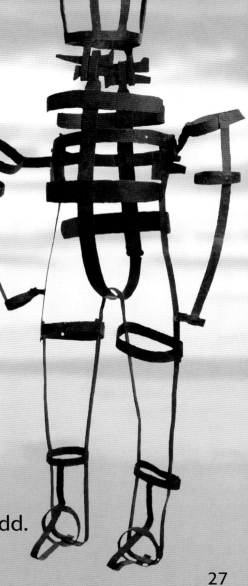

Daeth yr Oes Aur i ben
pan gafodd llawer o
fôr-ladron eu dal a'u lladd.

O dan y tonnau

Mae pobl wedi bod yn chwilio am hen longau'r môr-ladron ers yr Oes Aur.

Suddodd y 'Whydah Galley' mewn storm ger arfordir Massachusetts, UDA, ym 1717.

Ym 1984, dangosodd peiriant ble roedd y metel ym magnelau'r llong.

Cafodd deifwyr hyd i ddarnau o'r llong a llawer o drysor yn y tywod.

28

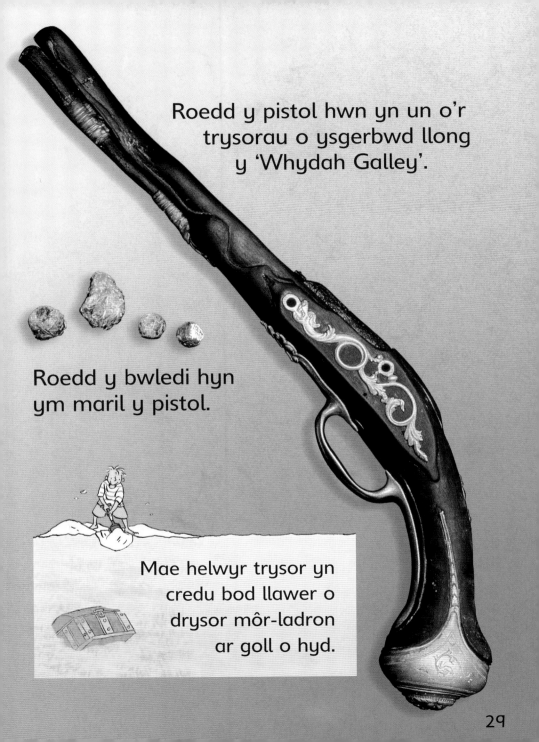

Roedd y pistol hwn yn un o'r trysorau o ysgerbwd llong y 'Whydah Galley'.

Roedd y bwledi hyn ym maril y pistol.

Mae helwyr trysor yn credu bod llawer o drysor môr-ladron ar goll o hyd.

Geirfa môr-ladron

Dyma rai o'r geiriau yn y llyfr hwn sy'n newydd i ti, efallai. Mae'r dudalen hon yn rhoi ystyr y geiriau i ti.

 gornest – dau berson yn ymladd i setlo dadl.

 slŵp – llong fach, gyflym. Roedd llawer o fôr-ladron yn hwylio ar slŵps.

 llyw – dolen sy'n llywio llong.

 cytlas – cleddyf byr. Mae cytlasau'n dda i ymladd lle nad oes llawer o le.

 Y Faner Ddu – y faner roedd y môr-ladron yn ei chodi wrth ymosod ar long.

 ysbail – trysor môr-ladron. Roedd aur, arian a gemau yn ysbail.

 glanhau – roedd môr-ladron yn rhoi llong ar ei hochr i lanhau ei chorff.

Gwefannau diddorol

Mae llawer o wefannau cyffrous i ddysgu rhagor am fôr-ladron.

I ymweld â'r gwefannau hyn, cer i **www.usborne-quicklinks.com**. Darllena ganllawiau diogelwch y Rhyngrwyd, ac yna teipia'r geiriau allweddol **"beginners pirates"**.

Caiff y gwefannau hyn eu hadolygu'n gyson a chaiff y dolenni yn 'Usborne Quicklinks' eu diweddaru. Fodd bynnag, nid yw Usborne Publishing yn gyfrifol, ac nid yw chwaith yn derbyn atebolrwydd, am gynnwys neu argaeledd unrhyw wefan ac eithrio'i wefan ei hun. Rydym yn argymell i chi oruchwylio plant pan fyddant ar y Rhyngrwyd.

Mae'r fodrwy hon a'r darn arian o Sbaen yn dod o ysgerbwd y 'Whydah Galley'.

Mynegai

arfau, 6, 15, 16, 29, 30
Bartholomew Roberts
(Barti Ddu), 22
Blackbeard, 23
brwydrau, 6, 16–17, 18,
23, 25
bwyd, 5, 12, 19
bywyd ar y môr, 12–13
Calico Jack, 25
capteiniaid, 3, 9, 10, 14,
22–23, 25
Capten Kidd, 14
cod y môr-ladron, 6–7, 11
dillad, 14–15, 19
Edward Low, 22
gadael ar ynys anial, 7

glanhau, 20, 21, 30
helwyr trysor, 28–29
llongau, 3, 8–9, 11, 13, 16,
17, 19, 20, 21, 28, 30
Llynges, y, 22, 26
menywod o fôr-ladron,
24–25
Môr y Caribî, 4
Oes Aur, 4, 22, 27, 28
swyddog cyflenwi, 11,
17, 18
Treasure Island, 10
trysor, 3, 5, 17, 18–19, 28,
29, 30
Whydah Galley, 28–29
Y Faner Ddu, 16, 30

Cydnabyddiaeth

Mae'r darluniau ar dudalennau 3, 7 a 14 gan artist o'r enw **Howard Pyle**.
Peintiodd e lawer o luniau môr-ladron ar ddechrau'r ugeinfed ganrif.

Trin ffotograffau: John Russell

Cydnabyddiaeth lluniau

Mae'r cyhoeddwyr yn ddiolchgar i'r canlynol am ganiatâd i atgynhyrchu deunydd:
© Art-media/heritage/Images 16-17; © Atwater kent Museum of Philadelphia/The Bridgeman Art Library 27;
© Bettman/CORBIS 23; © Blue Lantern Studio/CORBIS 2-3; © The Bridgeman Art Library 4-5; © Delaware Art
Museum, Wilmington, UDA/The Bridgeman Art Library 7; © Digital Vision 1; © Getty Images 1 (Ian McKinnell);
© National Geographic Images Collection 18, 29 (Bill Curtsinger); © Richard T. Nowitz/CORBIS 31; © Mary
Evans Picture Library 10, 14; © By kind permission of Mrs Susan M. Russell Flint/The Bridgeman Art Library 21.

Cyhoeddwyd gyntaf yn 2006 gan Usborne Publishing Ltd., Usborne House, 83-85 Saffron Hill, London EC1N 8RT.
Cyhoeddwyd gyntaf yng Nghymru yn 2013 gan Wasg Gomer, Llandysul, Ceredigion SA44 4JL.
www.gomer.co.uk
Cedwir pob hawl. Argraffwyd yn China.